ACHIKUNIPI
LE MYSTÉRIEUX PHOQUE DU GRAND NORD

**TEXTES DE FRANCINE SAINT-LAURENT
ILLUSTRATIONS DE GHISLAIN CARON**

À ma douce mère Germaine
pour m'avoir indiqué des horizons
remplis de belles promesses
— **F. St-L.**

À la diversité fragile
du monde qui nous entoure
— **G. C.**

Les 400 coups

Nous remercions le Conseil des Arts du Canada de l'aide accordée à notre programme de publication et la SODEC pour son appui financier en vertu du Programme d'aide aux entreprises du livre et de l'édition spécialisée.

Nous reconnaissons l'aide financière du gouvernement du Canada par l'entremise du Programme d'aide au développement de l'industrie de l'édition (PADIÉ) pour nos activités d'édition.

Gouvernement du Québec – Programme de crédits d'impôt pour l'édition de livres – Gestion SODEC

Achikunipi, le mystérieux phoque du Grand Nord a été publié
sous la direction d'Evelyne Daigle.

Design graphique : Mathilde Hébert
Révision : Gilles McMillan
Correction : Louise Chabalier

Diffusion au Canada
Diffusion Dimedia inc.

Diffusion en Europe
Le Seuil

© 2006 Francine Saint-Laurent, Ghislain Caron et
les éditions Les 400 coups, Montréal (Québec) Canada

Dépôt légal – 4ᵉ trimestre 2006
Bibliothèque et Archives nationales du Québec
Bibliothèque et Archives Canada

ISBN-10 : 2-89540-242-6
ISBN-13 : 978-2-89540-242-8

Catalogage avant publication de Bibliothèque et Archives Canada

Saint-Laurent, Francine, 1954-
    Achikunipi, le mystérieux phoque du Grand Nord /
textes de Francine Saint-Laurent ; illustrations de Ghislain Caron.

(Documentaires jeunesse)
ISBN-10 : 2-89540-242-6
ISBN-13 : 978-2-89540-242-8

    1. Phoques--Ouvrages pour la jeunesse. I. Caron, Ghislain, 1965-
II. Titre. III. Collection.

QL737.P64S34 2006   j599.79   C2006-904497-X

TABLE DES MATIÈRES

Dans une région du Nunavik (Nouveau-Québec), on trouve une chaîne de lacs étranges enfilés comme des perles. L'étendue de cette chaîne est si immense qu'elle forme une mer intérieure.

L'ÉTRANGE BÊTE DES LACS

La nuit, des aurores boréales valsent comme des fantômes dans le ciel étoilé. Les hurlements des loups, qui brisent le silence de ces lieux sauvages du Grand Nord, glacent chaque fois le sang des voyageurs.

Le climat rude ou hostile et les vents violents se sont
si férocement acharnés contre les arbres qu'il ne reste
que de timides bouquets de conifères rabougris. Si les lacs
des Loups Marins piquent la curiosité des savants,
c'est qu'ils abritent une créature mystérieuse.

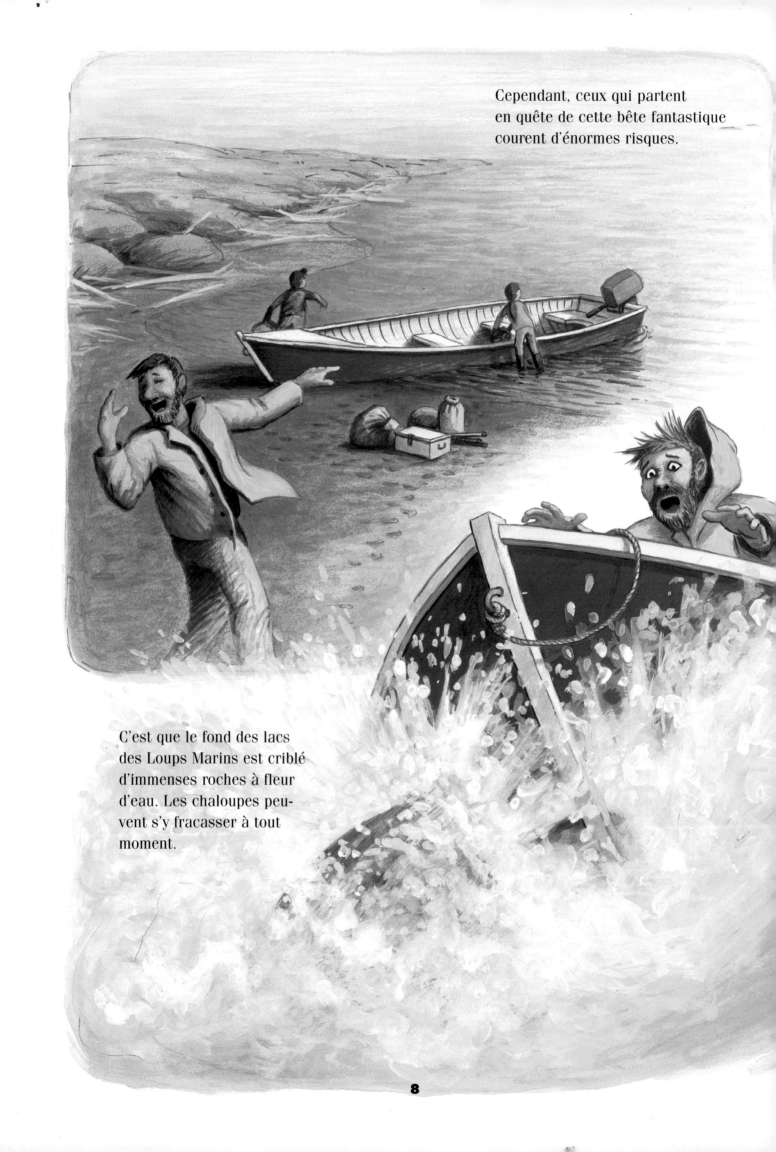

Cependant, ceux qui partent
en quête de cette bête fantastique
courent d'énormes risques.

C'est que le fond des lacs
des Loups Marins est criblé
d'immenses roches à fleur
d'eau. Les chaloupes peu-
vent s'y fracasser à tout
moment.

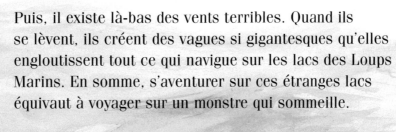

Puis, il existe là-bas des vents terribles. Quand ils se lèvent, ils créent des vagues si gigantesques qu'elles engloutissent tout ce qui navigue sur les lacs des Loups Marins. En somme, s'aventurer sur ces étranges lacs équivaut à voyager sur un monstre qui sommeille.

DE QUELLE CRÉATURE S'AGIT-IL ?

La présence de cet animal extraordinaire dans les lacs des Loups Marins a, depuis la nuit des temps, éveillé la curiosité des peuples autochtones vivant dans cette région nordique.

Les Cris ont baptisé cet animal particulier

ACHIKUNIPI

9

Les Inuits, ou Esquimaux, l'ont nommé, de leur côté, *qasigiaq**.
De quelle sorte de créature s'agit-il ? D'un dragon
à deux têtes ? D'un gigantesque serpent
d'eau à rayures noires ? Ou encore
d'un monstre fabuleux doté d'une
corne au milieu de la tête ?

* Les mots **achikunipi** et **qasigiaq**
signifient « le phoque que l'on
retrouve en eau douce ou à
l'embouchure des rivières ».

Non. Il s'agit d'un phoque unique au monde. Pour quelle raison est-il aussi exceptionnel ? C'est que, contrairement aux autres phoques, Achikunipi vit non pas dans l'eau salée, mais bel et bien dans l'eau douce. C'est là un phénomène très étrange.

Imagine !... C'est comme si les baleines pouvaient vivre dans l'eau qui provient du robinet ou être en mesure de s'amuser dans un lac ! N'est-ce pas incroyable ?

LA PRÉSENCE MYSTÉRIEUSE DE PHOQUES AUX LACS DES LOUPS MARINS

Les chercheurs s'expliquent mal la présence d'Achikunipi (*Phoca vitulina mellonae*) à cet endroit si éloigné de la mer où il devrait normalement se trouver.

Imagine !... Les lacs des Loups Marins sont situés à 160 kilomètres à l'est des côtes de la baie d'Hudson, au nord du 56e parallèle.

LAC MINTO

LACS DES LOUPS MARINS

LAC À L'EAU CLAIRE

60

BAIE D'HUDSON

BAIE JAMES

QUÉBEC ○

50

MONTRÉAL ○

Malgré cette grande distance qui sépare les phoques de l'océan, certains savants soutiennent que ce sont des phoques marins, plus précisément des Phoques communs, qui quitteraient parfois la baie d'Hudson, ou la mer, pour emprunter des rivières et se retrouver ainsi aux lacs des Loups Marins.

En effet, le Phoque commun est réputé pour s'aventurer dans les plans d'eau côtiers. Certains viendraient même fréquenter les eaux célèbres du loch Ness, en Écosse. Les mouvements qu'ils exécutent à la surface de l'eau de ce lac auraient-ils créé la fameuse légende de Nessie, le monstre du loch Ness ?

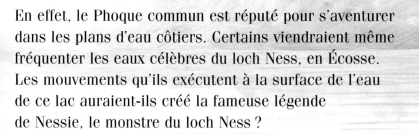

D'autres experts trouvent cependant cette hypothèse surprenante. La distance qui sépare les lacs des Loups Marins de la mer est très grande. Or, le Phoque commun ne parcourt que de courts trajets en rivière.

De plus, les immenses chutes de certaines rivières sont si dangereuses que le Pinnipèdes* se vouerait à une mort certaine s'il tentait de les franchir.

* Pinnipèdes
Ordre de mammifères qui s'est adapté à la vie aquatique. Le morse, l'otarie et le phoque sont des Pinnipèdes, mais pas la baleine.

Un autre élément vient renforcer leur opinion : aucun Phoque commun n'a été vu dans la partie sud de la baie d'Hudson depuis très longtemps. Il aurait été exterminé, semble-t-il, le jour où les Inuits ont eu en leur possession des armes à feu.

Lacs des Loups Marins

UN PAN DU VOILE EST LEVÉ SUR LA PRÉSENCE D'ACHIKUNIPI À CET ENDROIT

La théorie la plus plausible est que des phoques seraient restés prisonniers aux lacs des Loups Marins à la fin de la déglaciation, c'est-à-dire au moment où l'immense glacier continental qui recouvrait autrefois tout le Canada s'est mis à fondre et à se retirer (il y a environ huit mille ans de cela).

Ghislain Caron 2005

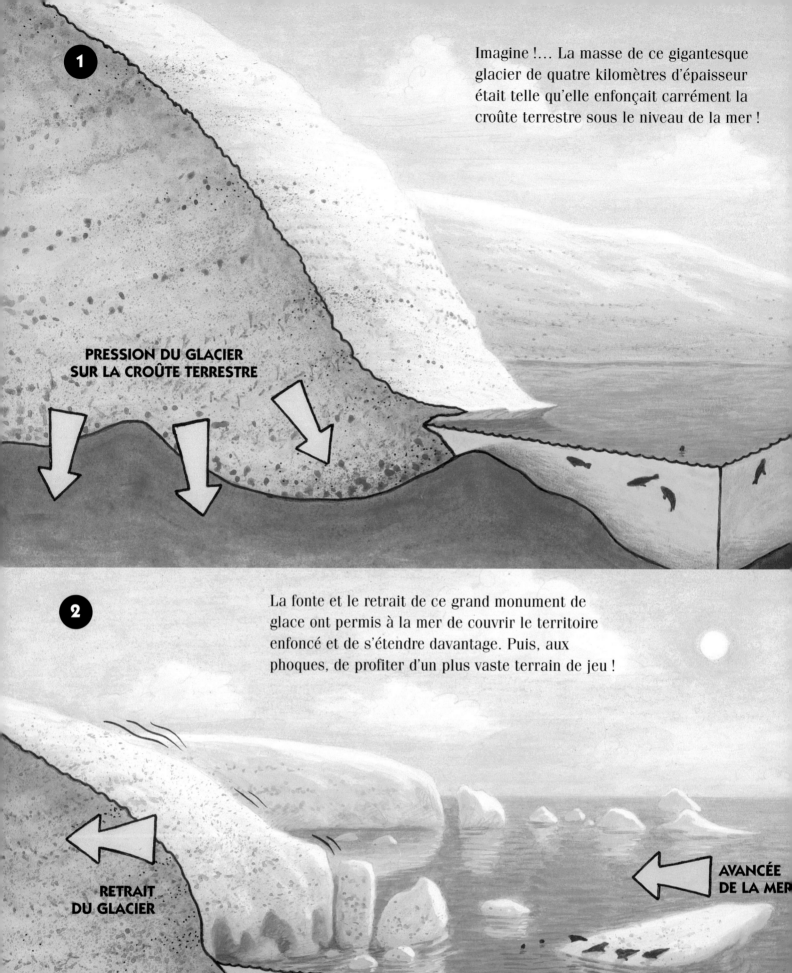

1 Imagine !... La masse de ce gigantesque glacier de quatre kilomètres d'épaisseur était telle qu'elle enfonçait carrément la croûte terrestre sous le niveau de la mer !

PRESSION DU GLACIER
SUR LA CROÛTE TERRESTRE

2 La fonte et le retrait de ce grand monument de glace ont permis à la mer de couvrir le territoire enfoncé et de s'étendre davantage. Puis, aux phoques, de profiter d'un plus vaste terrain de jeu !

RETRAIT
DU GLACIER

AVANCÉE
DE LA MER

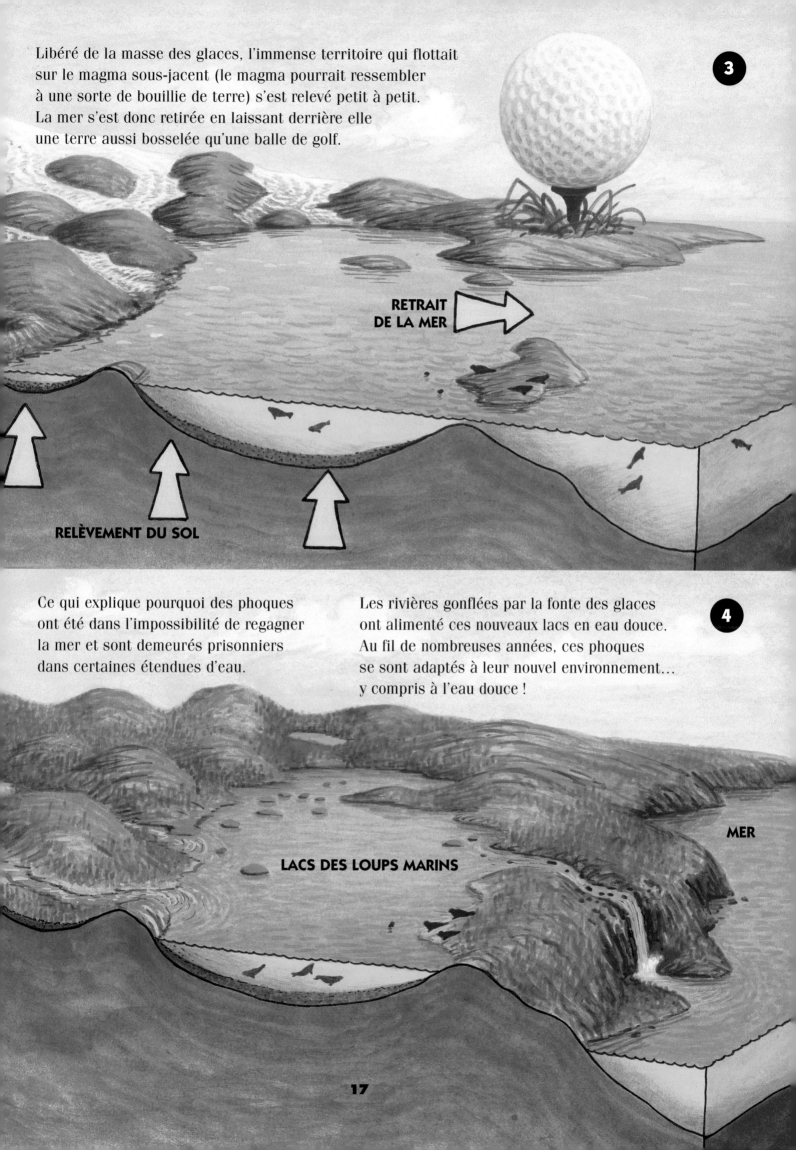

Libéré de la masse des glaces, l'immense territoire qui flottait
sur le magma sous-jacent (le magma pourrait ressembler
à une sorte de bouillie de terre) s'est relevé petit à petit.
La mer s'est donc retirée en laissant derrière elle
une terre aussi bosselée qu'une balle de golf.

3

**RETRAIT
DE LA MER**

RELÈVEMENT DU SOL

Ce qui explique pourquoi des phoques
ont été dans l'impossibilité de regagner
la mer et sont demeurés prisonniers
dans certaines étendues d'eau.

Les rivières gonflées par la fonte des glaces
ont alimenté ces nouveaux lacs en eau douce.
Au fil de nombreuses années, ces phoques
se sont adaptés à leur nouvel environnement…
y compris à l'eau douce !

4

MER

LACS DES LOUPS MARINS

UNE EXPÉDITION SEMÉE D'EMBÛCHES

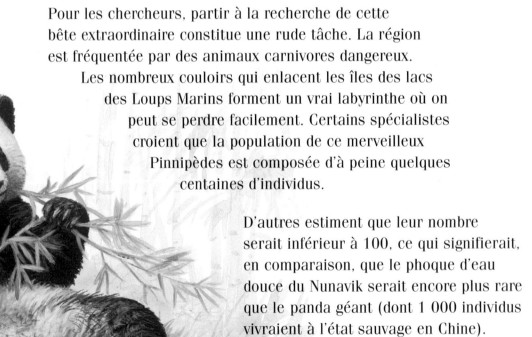

Pour les chercheurs, partir à la recherche de cette bête extraordinaire constitue une rude tâche. La région est fréquentée par des animaux carnivores dangereux. Les nombreux couloirs qui enlacent les îles des lacs des Loups Marins forment un vrai labyrinthe où on peut se perdre facilement. Certains spécialistes croient que la population de ce merveilleux Pinnipèdes est composée d'à peine quelques centaines d'individus.

D'autres estiment que leur nombre serait inférieur à 100, ce qui signifierait, en comparaison, que le phoque d'eau douce du Nunavik serait encore plus rare que le panda géant (dont 1 000 individus vivraient à l'état sauvage en Chine).

Or, l'étendue des lacs des Loups Marins mesure 60 kilomètres de longueur et 25 kilomètres de largeur ; ce qui voudrait dire qu'il y aurait seulement un phoque par 10 km^2. Malgré ces quelques estimations, une chose demeure certaine : tous ceux qui ont tenté de trouver Achikunipi dans les lacs des Loups Marins racontent que ce fut aussi difficile que de chercher une aiguille dans une botte de foin !

LES PHOQUES D'EAU DOUCE SONT TRÈS RARES

Dans le monde, il existerait quelques populations extrêmement rares et isolées de phoques d'eau douce. Des phoques annelés vivraient dans les lacs Baïkal et Ladoga (Russie) et dans le lac Saïmaa (Finlande). En Alaska, aux États-Unis, on en trouverait au lac Lliamna. Au Canada, Achikunipi, dans les lacs des Loups Marins, appartiendrait à une des deux seules populations vivant en eau douce durant toute l'année, l'autre se trouvant probablement en Colombie-Britannique. Autrefois, il y avait des Phoques communs dans les lacs Champlain et Ontario. Certains experts prétendent qu'il pouvait s'agir de phoques d'eau douce. Ces bêtes ont été exterminées au début des années 1800.

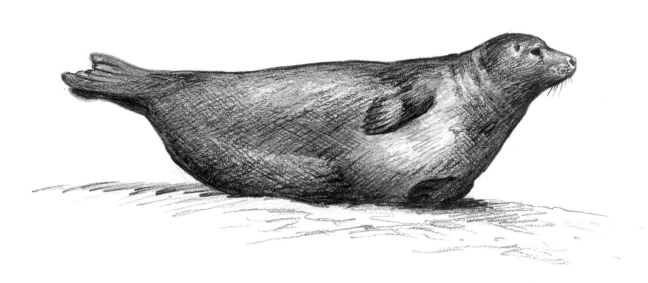

DES ÉCRITS INTRIGANTS

Achikunipi fréquenterait également certains plans d'eau voisins des lacs des Loups Marins. Des spécimens auraient été aperçus, entre autres, dans la rivière Nastapoka, le lac Bourdel, le Petit lac des Loups Marins et dans le lac à l'Eau Claire. Cependant, il semble que la grande majorité d'entre eux se trouverait aux lacs des Loups Marins. Robert J. Flaherty, voyageur et grand cinéaste américain, relate, lors de son expédition de 1912, des données très intéressantes : « Les Inuits partaient chasser le phoque d'eau douce au lac Minto, situé juste au nord des lacs des Loups Marins. Cependant, aucun Achikunipi ne semble avoir été aperçu à cet endroit depuis ce temps. »

LES DOUCEURS
DE SON HABITAT NATUREL

Dans les eaux transparentes et glacées des lacs des Loups Marins, il y a un bébé phoque qui nage avec entrain à côté de sa mère. Il a toutes les raisons du monde de se réjouir ! Sais-tu quoi ? Le lait de sa mère est extraordinairement riche. Il ressemble à du beurre crémeux et contient cinq fois plus de protéines et de matières grasses que celui des humains. Voilà pourquoi les bébés phoques grossissent à vue d'œil ; ils doubleront de poids en peu de jours. Aux lacs des Loups Marins, la mère du bébé phoque se régale d'ombles de fontaine ❶, de meuniers rouges ❷, de ménés ❸ et de divers autres poissons d'eau douce.

Le menu d'Achikunipi diffère de celui des phoques
vivant dans la mer : capelans **4**, harengs **5**, étoiles
de mer **6** et crustacés **7**, entre autres, composent
le festin de ces derniers. Les phoques doivent
   manger quotidiennement jusqu'à 5 ou 6 % de leur
   poids pour demeurer en santé. Il semble que les
   Pinnipèdes chassent d'une manière plus active
entre la demi-lune et la pleine lune. Selon les Cris,
Achikunipi est blanc comme neige quand il naît.
Cependant, sa toison deviendra plus foncée au fur
et à mesure qu'il vieillira. Les chercheurs ignorent
à quel moment précis naissent les jeunes phoques
des lacs des Loups Marins. Certains croient que c'est
durant les mois d'avril ou de mai. La mise bas se
ferait, semble-t-il, dans des abris sous la glace.
Voilà un autre mystère qui reste à éclaircir sur
cette curieuse créature.

LE ROYAUME TROUBLANT DES LACS DES LOUPS MARINS

La mère du bébé phoque lui fait découvrir tous les secrets de leur immense royaume, comme les rares endroits des lacs dont les forts courants empêchent ceux-ci de geler durant l'hiver. Une découverte essentielle pour leur survie, car c'est à ces endroits qu'ils viendront respirer, quand les lacs seront recouverts d'une épaisse couche de glace.

C'est que les phoques, ainsi que les baleines, sont des mammifères marins. Ils doivent revenir à la surface de l'eau pour remplir leurs poumons d'air. Il existe un élément tout aussi essentiel à la survie du bébé phoque : la présence de sa mère. Il arrive que des femelles décident d'abandonner leur nourrisson. Pourquoi ? Parce que ces mères ont perdu une partie importante de leurs réserves de graisse dû à leur mauvaise santé ou encore dû à la naissance trop difficile de leur petit.

Pour survivre, elles ont cessé de l'allaiter
pour ensuite le quitter pour de bon. Sans
oublier les mères qui, pour une raison
ou pour une autre, perdent leur instinct
maternel et renoncent à leur petit.
D'autres ne reviennent plus jamais
parce qu'elles se sont perdues dans
des tempêtes ou parce qu'elles ont été
tuées par des prédateurs.

La présence de la mère est capitale
pour le jeune phoque, surtout en bas âge.
Si le nourrisson la perd à tout jamais,
lui qui, à sa naissance, était dodu et
aussi joli qu'un animal en peluche,
deviendra rapidement affreux et aussi
maigre qu'un clou. Il est alors voué à
une fin tragique. Affamé et épuisé,
le jeune animal connaîtra une mort
lente et cruelle sur la banquise.

DES MOMENTS
DE RÉCRÉATION

Aux lacs des Loups Marins,
des visiteurs ont déjà aperçu des phoques
d'eau douce, regroupés en petit nombre sur
le bord de l'eau, prendre des bains de soleil.
Les phoques adorent s'amuser entre eux.
Les Pinnipèdes sont des mammifères curieux,
enjoués et intelligents. Ils sont doués pour
apprendre différents jeux. D'ailleurs, on
peut en voir dans des cirques qui ont
été dressés pour jongler avec des
ballons ou pour faire la joie
des enfants dans les parcs
aquatiques.

Après une brève excursion dans
l'eau, la mère du bébé phoque le
retrouve sur la berge. Elle arrivera
à le reconnaître parmi d'autres
nourrissons, même s'ils sont aussi
identiques que les pièces d'un
ensemble de vaisselle. C'est que,
dans les minutes qui suivent
la naissance de son petit, la
femelle renifle plusieurs fois
l'odeur unique de son rejeton
pour la graver dans
sa mémoire.

UNE CRÉATURE QUI A DE L'OREILLE

En guise d'oreilles, le phoque n'a que de petits orifices. Même s'il n'a pas des oreilles aussi grandes que celles des éléphants, le phoque a l'ouïe très développée. Il peut percevoir nettement des sons, probablement à grande distance. En fait, le monde aquatique dans lequel il évolue est un véritable univers sonore. Tout comme les dauphins, les Pinnipèdes communiquent entre eux. Cependant, leur langage demeure encore un vrai mystère pour les scientifiques.

COMME UN BALLON DE PLAGE

Le phoque est muni d'une importante couche de graisse, souvent de 5 cm d'épaisseur, qui le protège contre le froid mortel de l'eau glacée. Quant à nous, si on se baignait dans une eau aussi terriblement froide, nous serions vite transformés en glaçon ! Cette épaisse couche de graisse permet également aux Pinnipèdes de flotter à la surface de l'eau, comme un ballon, et de se dorer le ventre au soleil.

De plus, chaque bébé phoque possède une autre chose qui lui est propre : le timbre et les modulations de sa voix qui aident également sa mère à identifier son nourrisson. Sur le rivage, aussitôt que la femelle arrive à côté de son petit, elle le caresse de son museau pour le rassurer de sa présence, et s'amuse quelque peu avec lui.

L'ANCÊTRE DU PHOQUE

Même si les scientifiques ignorent encore à quoi ressemblait l'ancêtre du phoque, ils savent cependant que c'était un animal terrestre qui fréquentait les côtes en quête de nourriture. Il était proba- blement plus petit que le phoque actuel, de la taille d'un chien moyen sans doute. Certains prétendent que ses origines lointaines pourraient être les mêmes que celles des ursidés (celles de l'ours) ou encore des mustélidés (celles de la mouf- fette). Puis, un jour, l'ancêtre du phoque a découvert que la mer, riche en poissons de toutes sortes, lui procurait un garde-manger beaucoup plus intéressant que celui de la terre. Attiré par tous ces trésors appétissants, et au fil de millions d'années, le Pinnipèdes s'est peu à peu méta- morphosé en habitant marin. Cependant, contrairement à la baleine, le phoque n'a jamais tout à fait abandonné la terre. La mer n'a pas encore complètement gagné ! Pour qu'il puisse mieux s'adapter à son nouvel univers, certains aspects de la morphologie du phoque se sont transformés.

Par exemple, les yeux du Pinnipèdes s'agrandirent, petit à petit, pour prendre la forme de billes noires, afin qu'il puisse explorer sans problèmes cet immense royaume aquatique, presque sans lumière. Cette merveilleuse adaptation a permis aussi au phoque de poursuivre avec aisance ses proies – souvent très agiles – qui, pour lui échapper, tentent de trouver refuge dans les profondeurs de la mer. Néanmoins, si le phoque jouit d'une vue extraordinaire dans le monde marin, il en va tout autrement lorsqu'il sort sa tête de l'eau.

Sa vue, conçue pour voir dans les ténèbres, devient alors tout embrouillée, et le mammifère marin perçoit les objets qui l'entourent comme s'il les regardait au travers de deux fonds de bouteille.

SIX ESPÈCES DE PHOQUE HABITENT LES EAUX DE NOTRE TERRITOIRE

Dans les eaux du fleuve Saint-Laurent, on retrouve le Phoque commun ❶ ou Veau marin (*Phoca vitulina*), le Phoque gris ❷ (*Halichœrus grypus*), le Phoque du Groenland ❸ (*Phoca groenlandica*) et le Phoque à capuchon ❹ (*Cystophora cristata*). Le Phoque barbu ❺ (*Erignathus barbatus*) et le Phoque annelé ❻ (*Phoca hispida*) sont plutôt des phoques du Nord.

ACHIKUNIPI ATTIRE DES ÉTRANGERS DEPUIS LE 18ᵉ SIÈCLE !

Déjà en 1757, l'existence de phoques aux lacs des Loups Marins est évoquée dans certains écrits européens. Par exemple, dans le *Petit Atlas Maritime* du grand cartographe français Jacques-Nicolas Bellin (1703-1772), on mentionne le « Lac du Loup Marin ». Quelques années plus tard, des explorateurs signaleront leur présence dans la péninsule (ou grande presqu'île) d'Ungava. Tout au cours du 19ᵉ siècle, ce troupeau isolé de phoques attire l'attention des chasseurs et des négociants de la compagnie de la Baie d'Hudson. Leur fourrure est très recherchée dû à ses très belles qualités. Plus douce et plus lustrée que celle du phoque d'eau salée, elle est utilisée pour la confection de vêtements plus raffinés. La première expédition scientifique consacrée aux phoques d'eau douce a été organisée, en mars 1938, par le musée de Pittsburgh. L'équipée américaine, accompagnée de chiens de traîneau, est partie de la côte de la baie d'Hudson pour se rendre aux lacs des Loups Marins. Le voyage a été très difficile et très éprouvant[*]. Les hommes s'enfonçaient à tout bout de champ dans la neige profonde et luttaient contre un vent glacial. Ils transpiraient beaucoup à cause des efforts exténuants qu'ils devaient faire dans leurs lourds vêtements qui devaient les protéger du froid.

[*] Le voyage de l'équipe américaine a été si ardu et si incroyable, qu'il a fait l'objet d'un livre d'aventures intitulé *Needle to the North*, écrit par Arthur Cornelius Twomey et Nigel Herrick.

Leur barbe était pleine de cristaux de neige. Le guide cri qui les accompagnait dans ce fabuleux exploit, Daniel Petagumskum, était reconnu par sa communauté, Whapmagoostui, pour être un très grand chasseur, courageux et persévérant. Une fois sur les lieux, celui-ci a réussi à attraper deux phoques en vue de les rapporter. Mais la faim qui tenaillait si cruellement les membres de l'expédition depuis de nombreux jours a fait en sorte que les phoques ont vite été transformés en ragoût ! Les morceaux de viande ont été avalés tout rond tellement les hommes avaient faim. Seuls les fourrures et les crânes des bêtes ont été épargnés et envoyés intacts à Pittsburgh. Ce sont les seules choses que posséderait un musée sur ce mystérieux phoque des lacs des Loups Marins.

Daniel Petagumskum lors
de l'expédition de 1938.

DES OBSERVATIONS TROUBLANTES

L'un des scientifiques de l'expédition commandée par le musée de Pittsburgh découvre des choses étonnantes en examinant de près les deux phoques. Même s'ils ressemblent à première vue aux Phoques communs, c'est-à-dire aux phoques d'eau salée, ils possèdent cependant des caractéristiques différentes. Pour J. Kenneth Doutt, la couleur et la texture d'Achikunipi sont très particulières ! Son pelage est plus foncé. Plusieurs individus ont le tour des yeux plus pâle que le reste de la tête. Sa boîte crânienne est plate et plus large, ses incisives plus petites et sa mâchoire inférieure plus prononcée. Selon Doutt, il n'y a aucun doute possible : le phoque de la péninsule d'Ungava est UNIQUE AU MONDE !

UNE THÉORIE STUPÉFIANTE

De nos jours, certains scientifiques croient que le phoque d'eau douce de la région du Nunavik serait vraisemblablement une sous-espèce (ou une subdivision) du *Phoca largha* (appelé en français « le phoque tacheté ») ; un animal qu'on a cru depuis longtemps disparu de la Terre, comme le mammouth. Or, il y a à peine quelques années de cela, à la plus grande surprise des chercheurs, des phoques tachetés auraient été découverts, bel et bien vivants. C'était dans des régions très reculées et peu connues de la planète, comme dans la mer de Béring près des îles Aléoutiennes (situées entre la Russie et l'Alaska) et dans la partie ouest de l'océan Arctique.

L'espèce ne se serait donc jamais éteinte. Le phoque tacheté est une espèce archaïque qui serait l'ancêtre de quelques espèces de phoques modernes, comme le Phoque commun, le Phoque du Groenland et le Phoque annelé. Or, certains scientifiques prétendent que le phoque d'eau douce de la région du Nunavik appartiendrait peut-être à l'espèce du phoque tacheté, qui se serait adapté à l'eau douce ! Si cette théorie surprenante s'avère exacte, elle ouvre la porte à des recherches scientifiques passionnantes et extraordinaires !

LÉGENDE FAMILIALE SUR
LE PHOQUE D'EAU DOUCE

Le chasseur et trappeur John Petagumskum, fils du chasseur légendaire Daniel Petagumskum, fréquente les lacs des Loups Marins depuis sa tendre enfance. Il connaît bien les phoques d'eau douce de cette région pour en avoir observé plusieurs et chassé quelques-uns. Il éprouve un très grand respect à l'égard de cette magnifique créature et connaît sur elle quelques légendes fabuleuses, dont celle d'Achikunipi le sauveur :

Un jour, dans notre région nordique, le vent se mit à souffler comme il ne l'avait jamais fait auparavant, détruisant et emportant tout sur son passage. Des flocons de neige tourbillonnaient violemment dans le ciel et perçaient comme des milliers de petites épingles les yeux de ceux qui osaient les ouvrir. Or, une famille autochtone — qui avait marché depuis plusieurs lunes en quête de nourriture — devint la cible de cette cruelle tempête qui s'abattit sur elle avec une férocité incroyable. Au moment où tous croyaient leur dernière heure arrivée, ils virent soudainement un magnifique rayon de soleil percer le ciel en furie pour tracer devant eux un cercle lumineux. À leur plus grande surprise, un phoque d'eau douce fit apparition dans ce cercle. Le phoque leur dit : « Je m'offre à vous en sacrifice afin que vous cessiez d'être affamés et puissiez ainsi avoir assez de force pour vaincre la tempête. » Le père de famille accepta le merveilleux don du phoque. Il le tua, le dépeça et partagea sa chair avec les siens. Grâce au phoque, la famille a pu poursuivre sa route pour atteindre ainsi un ciel plus radieux. Le phoque leur avait sauvé la vie en échange de la sienne !

LE RUDE MÉTIER DES CHASSEURS DE PHOQUE

Si le phoque d'eau douce de la péninsule d'Ungava est encore aujourd'hui très peu chassé, il n'en a pas été de même pour plusieurs espèces de phoques d'eau salée, grandement recherchées pour leur graisse. Au 19ᵉ siècle, des bateaux comme des goélettes, des phoquiers et des bricks quittaient fréquemment les quais pour sillonner la mer parsemée d'icebergs en quête de troupeaux de phoques. Tout comme la baleine, on chassait surtout ces mammifères marins pour leur graisse. On la faisait fondre ensuite pour obtenir de l'huile qui était, entre autres choses, utilisée pour l'éclairage. Le métier des loups-mariniers, ceux qui pratiquaient la chasse au phoque, était difficile et très périlleux. La température glaciale et les vents violents étaient souvent le lot des hommes. Plusieurs riches propriétaires de bateaux exploitaient les loups-mariniers. Ils profitaient du fait que, pour certains de ces hommes, la chasse aux phoques était leur seul gagne-pain. Les conditions de travail de ces hommes étaient terribles. Par exemple, il n'y avait pas de chauffage à bord des bateaux. Les chaudières étaient si rouillées à cause de l'air salin qu'un seul coup de pied suffisait pour les défoncer. Les loups-mariniers devaient souvent se contenter de maigres rations de pommes de terre crues. Les biscuits de mer étaient tellement durs qu'ils pouvait facilement s'y casser les dents. Quand la cale du phoquier était lourdement chargée de fourrures et de barils remplis de lard de phoque, les hommes n'avaient plus qu'à dormir sur le pont glacé, à la belle étoile.

On raconte même que des capitaines marchands sans scrupules n'auraient pas hésité à abandonner quelques-uns de leurs hommes sur la glace pour, ainsi, faire davantage de place à leur précieuse cargaison. Quand le bateau était prisonnier des banquises, le pire était alors à redouter. Les glaces meurtrières pouvaient resserrer la coque du bâtiment jusqu'à la broyer en mille morceaux, comme une noix que l'on écrase. Les marins qui réussissaient à se sortir des décombres étaient alors condamnés à mourir de froid sur la banquise. Au cours du 19ᵉ siècle, plus de 400 phoquiers ont été détruits par les glaces au large des côtes terre-neuviennes.

L'AVENIR DU PHOQUE D'EAU DOUCE DE LA PÉNINSULE D'UNGAVA

À l'exception de l'homme, le phoque d'eau douce des lacs des Loups Marins semble ne connaître aucun prédateur. S'il est vrai que le phoque peut accomplir des prouesses extraordinaires dans l'eau et qu'il nage avec facilité, grâce et beauté, cela est tout autre chose lorsqu'il se déplace sur la terre ferme. Il se meut comme une grosse chenille, ce qui le rend plus vulnérable aux attaques de ses ennemis.

L'exploitation hydroélectrique de cette région du Grand Nord québécois pourrait constituer une menace pour le Pinnipèdes. L'association inuite des chasseurs, des pêcheurs et des trappeurs a décidé, depuis un bon nombre d'années, de ne plus le chasser. Seuls quelques chasseurs cris du village de Whapmagoostui viennent parfois troubler sa tranquillité. Le phoque d'eau douce du Nunavik est unique au monde. Il constitue un phénomène exceptionnel qui enrichit extraordinairement le patrimoine faunique du Québec. Comme toutes les autres espèces d'animaux, celle du phoque d'eau douce doit être protégée.

ACHIKUNIPI EST-IL PROTÉGÉ ?

Selon des études scientifiques, le phoque d'eau douce du Québec se distingue des populations marines de Phoques communs, puisqu'il vit dans les eaux intérieures du Nord québécois. C'est pourquoi il est unique.

Le phoque d'eau douce est une espèce désignée par la Loi sur les droits de chasse et de pêche dans les territoires de la Baie-James et du Nouveau-Québec. En vertu de cette loi, seuls les autochtones ont le droit de le chasser.

Cependant, le gouvernement conserve le droit d'interdire aux autochtones la chasse d'animaux dont la survie pourrait être menacée. Pour le phoque d'eau douce, le gouvernement du Québec n'a pas modifié sa réglementation jusqu'à ce jour, car le prélèvement effectué par les autochtones est minime et ne met pas en péril la population de ces Pinnipèdes particuliers.

À l'heure actuelle, le phoque d'eau douce des lacs des Loups Marins est inscrit sur la « Liste des espèces de la faune vertébrée menacées ou vulnérables susceptibles d'être ainsi désignées ».

CARNET DE VOYAGE DE L'AUTEURE

Un jour, au cours d'un de mes voyages dans le Grand Nord, un étranger m'a raconté une histoire bien curieuse, selon laquelle il existait une population de phoques très mystérieux vivant dans un chapelet de lacs d'eau douce. S'il est vrai que dans ce coin perdu du Nord québécois il existe mille et une histoires légendaires sur l'existence d'animaux étranges ou de monstres de toutes sortes, cette histoire sur ce curieux phoque appelé Achikunipi était bel et bien réelle. Voilà pourquoi je rêvais d'aller un jour au pays de cette étrange bête, dans l'espoir de voir cette créature de mes propres yeux.

Toutefois, organiser une expédition de ce genre s'avère très compliqué. Le royaume d'Achikunipi est situé sur un territoire si éloigné des lieux habités par l'homme que rares sont ceux qui osent s'y aventurer. Parfois, il faut prévoir des caches de carburant à certains endroits pour les hélicoptères, afin qu'ils puissent poursuivre leur vol (dans ce gigantesque désert de roches, il n'existe aucune station libre-service d'essence !). Toute cette organisation coûte une fortune, sans oublier la crainte que j'avais de me retrouver seule sur un territoire habité par des animaux sauvages et des milliers d'insectes piqueurs, au corps plus gros que mon crayon. Au moment où mes espoirs de me rendre là-bas fondaient comme neige au soleil, voilà que j'entends parler d'une équipe de géologues qui comptait partir aux lacs des Loups Marins à la recherche de minéraux précieux. Ils auraient un hélicoptère, des tentes, des vivres, un hors-bord, etc. En somme, tout l'équipement dont j'avais besoin pour partir en quête de ce fameux phoque, tant sur l'eau que dans les airs. Je suis arrivée un beau soir de juillet 2000 aux lacs des Loups Marins, en avion de brousse, un Turbo Otter, d'Air Wemindji.

Robert Marquis semble être particulièrement intéressé par cette pierre. Contient-elle quelque chose de précieux ?

Eh oui ! Format réel !

Notre campement était établi sur le bord des lacs où nous nous faisions manger tout rond par les insectes.

Durant l'été, le territoire est envahi par des nuées d'insectes piqueurs au corps plus gros que mon crayon. Plusieurs réussissent à s'introduire dans nos tentes et nous empêchent de fermer l'œil la nuit.

41

Le fond des lacs est totalement recouvert de grosses pierres, ce qui rend la navigation en hors-bord excessivement dangereuse.

Les lacs des Loups Marins constituent un véritable labyrinthe qui, du haut des airs, ressemble étrangement à un motif de dentelle.

Voilà enfin notre premier phoque
et son copain, tous deux
amateurs de sardines !

Tous les matins au petit déjeuner, le géologue Robert Marquis et moi étudiions la carte des lacs pour déterminer l'endroit où nous irions explorer pendant la journée. Un soir, au moment où nous retournions à notre campement, le moteur de notre chaloupe a durement heurté une immense roche à fleur d'eau. Cet incident, heureusement sans gravité, m'a brutalement rappelé que l'étendue d'eau sur laquelle nous naviguions était un vrai champ d'écueils. Puis, au cours d'un bel après-midi ensoleillé, je me souviens d'avoir contemplé au loin une immense pierre plate qui émergeait de l'eau, en me disant que si j'étais un phoque, c'est sur une pierre semblable que j'aimerais venir pour m'étendre au soleil. C'est alors que j'ai aperçu un petit point noir qui se déplaçait vers la pierre en question. Réalisant de quoi il s'agissait, j'ai aussitôt crié à mes deux compagnons (Robert Marquis et le photographe Pierre Dunnigan) : « Hé ! Regardez ! Il y a un phoque là-bas ! ». Nous avons immédiatement ralenti pour nous en approcher tout doucement. Une fois près de lui, j'ai ouvert une boîte de sardines. L'odeur du poisson a tout de suite attiré son attention et il a fait quelques fois le tour de notre embarcation en reniflant l'air. Mon cœur battait à tout rompre. Je ne parvenais pas à en croire mes yeux ! J'étais en présence d'Achikunipi. Puis, j'ai vu l'animal plonger dans l'eau et réapparaître quelques minutes plus tard en compagnie d'un deuxième phoque. Nous étions aux premières loges pour admirer ces deux pinnipèdes qui nageaient autour de nous avant de disparaître pour de bon sous l'eau. Nous avions eu une chance inouïe, car Dame Nature s'est mise à faire des siennes par la suite. En fait, durant les derniers jours de notre voyage, le vent soufflait si fort qu'il créait d'immenses vagues, aussi hautes qu'une maison à deux étages. Dans de telles conditions, nous n'aurions jamais pu naviguer sur les lacs sans chavirer et disparaître sous l'eau.

ACHIKUNIPI.

L'équipe du campement qui fait « cheese ». Je suis à gauche, en jaune.

Peter Sandy et son fils Elijah, de la communauté de Whapmagoostui, exhibent avec fierté une peau de phoque d'eau douce, pour que je puisse en observer les couleurs et motifs particuliers en plein jour.

DEUX ANNÉES APRÈS CETTE MERVEILLEUSE EXPÉRIENCE AUX LACS DES LOUPS MARINS, J'AI REPRIS L'AVION POUR ME RENDRE, CETTE FOIS-CI, DANS LA COMMUNAUTÉ DE WHAPMAGOOSTUI. J'Y SUIS VENUE SPÉCIFIQUEMENT POUR RENCONTRER LE FILS DU FAMEUX CHASSEUR, DANIEL PETAGUMSKUM, QUI, EN MARS 1938, AVAIT GUIDÉ L'ÉQUIPE DU MUSÉE DE PITTSBURGH AUX LACS DES LOUPS MARINS. JE SAVAIS QUE SON FILS JOHN, QUI ÉTAIT ALORS ÂGÉ DE 81 ANS, CONNAISSAIT DES LÉGENDES MAGNIFIQUES SUR ACHIKUNIPI, QUE LUI AVAIT LÉGUÉES SON PÈRE. CE TÉMOIGNAGE DE JOHN PETAGUMSKUM EST TRÈS PRÉCIEUX, CAR LES AUTOCHTONES QUI CON-NAISSENT CES MAGNIFIQUES HISTOIRES SUR ACHIKUNIPI SONT RARES À PRÉSENT. JOHN PETAGUMSKUM SOUHAITAIT QUE LA PLUS BELLE D'ENTRE TOUTES, ACHIKUNIPI LE SAUVEUR (VOIR PAGE 35), SOIT ÉCRITE DANS CE LIVRE, DANS LE BUT DE NOUS RAPPELER QU'IL EXISTE UNE PERLE RARE SUR NOTRE TERRITOIRE !

REMERCIEMENTS

Je remercie tout particulièrement Alain Simard et Robert Marquis du ministère des Ressources naturelles et de la Faune, et Richard John Smith, Ph. D., de la Défense environnementale du Canada, pour leur précieuse collaboration.

Je remercie également :

Pierre Pagé, professeur au Département des sciences et de la Terre (UQAM), pour avoir si gentiment accepté de réviser le chapitre sur la déglaciation ;

Richard John Smith, Jean-Guy Ricard et Alain Branchaud, biologistes, pour la validation scientifique ;

Fatima Tejerina, responsable du service de garde à l'école Saint-Jean-Baptiste de Montréal, pour avoir si gentiment organisé des groupes d'élèves afin que je puisse leur faire la lecture de l'histoire d'Achikunipi et recueillir leurs commentaires ;

Pauline Gagnon et les éducateurs du Biodôme de Montréal pour la validation pédagogique des textes.

Je remercie l'équipe d'Hydro-Québec, principalement Gaétan Guertin, Jean-François Rougerie, ainsi que Michel Couillard (Environnement illimité inc.).

Et, enfin, le ministère Pêches et Océans et l'Institut Maurice-Lamontagne.

Voici John Petagumskum. Ma rencontre avec lui, à Whapmagoostui, m'a permis de connaître quelques magnifiques légendes cries sur Achikunipi.

REPÈRES BIBLIOGRAPHIQUES

Chantraine, Pol, *La Grande Mouvée*, Paris, Éditions Mengès, 1980.

Collectif, *Abitibi-Témiscamingue, de l'emprise des glaces à un foisonnement d'eau et de vie,10 000 ans d'histoire*, Sainte-Foy, Éditions MultiMondes, 2000.

Consortium Gilles Shooner & associés, SOMER et Environnement Illimité inc., *Complexe Grande-Baleine, bilan des connaissances sur le phoque d'eau douce*, Montréal, Hydro-Québec, mars 1991.

Fontaine, Pierre-Henry, *Les baleines de l'Atlantique Nord, biologie et écologie*, Sainte-Foy, Éditions MultiMondes, 1998.

Richardson, Boyce, *Strangers Devour the Land*, Vancouver, Éditions Douglas & McIntyre Ltd., 1991.

Smith, Richard John, *The Lacs des Loups Marins harbour seal, Phoca vitulina mellonae Doutt 1942 : Ecology of an isolated population*, Thèse de doctorat, Guelph, Université de Guelph, août 1999.

Sylvestre, Jean-Pierre, *Les mammifères marins du Canada*, Saint-Constant, Éditions Broquet, 1998.

Thewissen, Johannes G. M., *The Emergence of Whales, Evolutionary Patterns in the Origin of Cetacea*, New York, Plenum Press, 1998.

Voir également le site Internet d'Environnement Canada :
<http://www.speciesatrisk.gc.ca/search/speciesDetails_f.cfm?SpeciesID=159>

Aimerais-tu entendre le chant d'Achikunipi et les différents sons qu'il émet lorsqu'il est sous l'eau ? Alors visite le site http://www.editions400coups.com.

De la même auteure

Circuits de vélo au cœur des plus beaux villages du Québec
(guide cyclotouriste), Montréal, éditions Les 400 coups, 2002, 112 pages.

Mi-carême : une fête québécoise à redécouvrir,
Montréal, éditions Les 400 coups, 2005, 117 pages.

Dans la même collection

Tant qu'il y aura des baleines…
Textes d'Evelyne Daigle
Illustrations de Daniel Grenier

Les saisons des manchots
Textes d'Evelyne Daigle
Illustrations de Daniel Grenier